Autor: Adriana García Croes.

Título de la obra: Entramado de sueños.

Número de páginas: 86

ISBN-13: 978-1986789684

ISBN-10: 1986789683

Género: Poesía, Holismo, Salud emocional.

Año de Publicación: segunda edición - 2018.

Copyrigth: Adriana García Croes

Ilustrador: William Montero Romero.

Edición y Maquetación: William Montero Romero

Prologuista: Luz Rodríguez

Contacto y redes de la autora:
www.adrianagarciacroes.com

Instagram y Facebook: Adriana Garcia-Croes

Twitter @adrianagc20

E mail adrianagarciacroes@gmail.com

Entramado de sueños e historias

Adriana García Croes
Poetisa venezolana

8

DEDICATORIA

A ti va dedicado mi sentir y mi existir
papito corazón.
En un fuego alquímico ya el plomo
se transformó en oro.
Estás en mí… ¡Bendíceme!

AGRADECIMIENTOS

A mis Bisabuelos… cuánta fuerza, amor y compasión me han regalado, honro sus pisadas, gracias por pasar la vida.

A mis Abuelos Gabriel García Fernández (paterno) y Guillermo Croes Herrera (materno), maravillosos y valientes hombres, gracias por haber sido piezas fundamentales para el regreso a casa.

A esa Tríada hermosa de "Isabeles" que marcaron mi destino y por las cuales me llamo Adriana Isabel.

Isabel Méndez de García, (Abuela paterna) "Mamama"

Isabel Michelena de Croes (Abuela materna) "Abuelita Isabel"

Isabel Ramírez de González (Madrina)

Las amé tanto que decidí mirar sus historias… Gracias, por transmitir el temple, coraje y determinación combinado con tanta ternura, entrega, lealtad y amor de familia. Cuánta admiración y devoción, las veo en su grandeza!

A ti Mamita adorada, gracias por haberme acogido en tu vientre, por esta historia que tú, papá y yo decidimos y por el tesoro que luego de una larga travesía emergió. Tu amor y presencia han sido mi sostén.

A mis hermanos Fernando, Alejandro, Gabriela, Daniella y a los que no nacieron… gracias a todo lo que hemos podido integrar e incluir, hoy nos tenemos y miramos en amor y respeto a todo y a todos.

A mis hijos amados, Brígido Daniel, estratega, chispa creadora, alegría, motivo, reto, perseverancia y abrazo de amor que anima…. Oriana Isabel, sutileza, detalle, observación, ternura y amor, rocío mañanero… gracias por el título que me han otorgado y que hincha de orgullo todo mi ser, ¡Mamá!

UN TRIBUTO A LA AMISTAD

Al partir de mi Mérida amada, como despedida, mi amiga de infancia escribió este poema. Veinte años después lo comparto, dando continuidad al tejido de la vida en su entramado.

ADRIANA

Un día partió de mí y de mis Andes

un lindo pajarito merideño,

con sus alas de plata y su pico escarlata.

Volando por el cielo

dejando en el espacio

el brillo de sus ojos.

Dejando en el recuerdo

su niñez, su vivir y su esperanza.

Y así te recuerdo, hermosura de mis Andes,

Mi Tibisay, mi cierva, mi América…

Mi Adriana.

Bertha Rangel M.

PRÓLOGO

Creo profundamente que cada persona es un embrión de Dios, es decir somos en potencia dioses creadores de nuestra realidad. Y para desarrollar y manifestar dichas potencialidades de nuestro SER debemos pedir permiso a nuestros padres y luego darnos permiso internamente para manifestar todos nuestros dones, porque hemos tejido a nuestro alrededor una telaraña de embrollos que nos mantienen encadenados al sufrimiento.

Para liberarnos de las cadenas que nos limitan, debemos primero que nada emprender el viaje de vuelta al Jardín del Edén del cual nos hemos sentido expulsados.

En ese recorrido vamos tejiendo un "Entramado de sueños e historias" de los cuales tenemos que ser conscientes. A partir de los inspirados poemas de Adriana donde tan generosamente comparte su experiencia en la búsqueda de su esencia, donde nos recalca que lo importante no es la llegada a un lugar, sino la experiencia y los encuentros que ganamos en el todo recorrido. Adriana ha descubierto el poder Alquímico de ser mujer en su corazón, cuando llegamos a ese punto queremos gritarlo al mundo y ella lo hace de manera sutil, desde su feminidad y su intuición.

Desde la Perséfone dependiente de la madre y víctima de las circunstancias se sumerge en el Hades de su inconsciente para rescatar a la Diosa Alquímica. Ese es el arte de dar a luz la mejor versión de nosotros mismos.

Todo esto nos habla del camino de la resiliencia y la fuerza que tiene cada ser humano para superar todas las adversidades y salir adelante. Cuando descubres todas tus potencialidades no hay nada ni nadie que te pueda cortar las alas.

Este libro te hará de reflexionar de manera simbólica en tu propio viaje y te inspirará para que descubras tu propia divinidad.

Luz Rodríguez

www.ordenesdelamor.org.

INTRODUCCIÓN

En este oficio sagrado de transformación de almas, entre un dar y recibir para ir subiendo escaloncitos de conciencia, se cumplen ya veinte años de mi vida. Y en ese pensar en el camino andado, surge en mí la idea, el entusiasmo y la inspiración de sumergirme en las profundidades de mi origen y dejar plasmado en letras, las experiencias en una terapeuta, transformadas en versos y poemas, colocando personajes de la mitología griega en bases sistémicas y en los órdenes del amor en tantas experiencias de estos tramos de vida.

Esto que hoy está en tus manos, se comenzó a gestar en mí a muy temprana edad. Contaba con siete años y un día en un pizarrón que me regaló mi padre escribí mi primer poema y cuando lo firmé coloqué Adriana García Croes, poetisa venezolana.

Esto a él, le causó tanta gracia, que luego quedé así para la posteridad en mi familia. Así me llamaba él, "mi poetisa venezolana".

Como todo en la vida, creces y te haces fuerte en la adversidad, en aquello que duele y se repite, en la incomodidad de sentirte en un laberinto del cual no logras salir... así, la noche más oscura se afincó en mí con dos eventos justo hace veinte años que cambiaron mi historia y justo allí es donde halo ese primer hilo que me lleva a una búsqueda incansable afuera. Llena de preguntas que no tenían respuestas, que me llevaron a entender que todo eso que buscaba me buscaba a mí.

Fue así como emprendí ese viaje interno y allí nació la terapeuta, creando una inmensa e infinita red de tejidos invisibles conectados con el todo y con la nada. Ahora me llevan con todo lo vivido de esta travesía, a un gran cierre.

La pasión, amor y entrega a este oficio han marcado mi vida.
Como una forma de honrar éste camino y a mi padre, quien sembró en mí desde tan temprana edad el amor a la literatura.

Expresar mi sentir de esta manera, es lo que ha ido dando forma a mi camino para saber hoy quien soy, de donde vengo y a dónde voy.

Quien cierra bien abre bien y hoy puedo decir con infinita gratitud que todo ha valido la vida. No cambiaría nada de mi historia, pues acogerla e integrarla se ha convertido en mi fuente de fuerza.

Decidí titular esta obra "Entramado de Sueños e Historias", ya que en un entramado converge EL TODO.

La vida y la terapia son tejidos sutiles que cuando se enredan nos paralizan y en ese no saber qué hacer está el tesoro escondido, la bendición oculta; de nosotros depende tener una vida sin sentido, quedarnos en la comodidad de la culpa y el sufrimiento o emerger en un corazón valiente y transformador, capaz de enfrentar lo insuperable y así empezar a vivir lo que realmente nos queremos llevar.

Te encontrarás con 11 reflexiones, 11 ilustraciones y 11 versos que sumados dan 33, siendo éstos números maestros, 3 de las ilustraciones son a color el inicio, el centro y el final número de Dios, el Todo, Padre, Hijo y Espíritu Santo.

Va dividido en cuatro fases, y aquí vemos cómo vida y terapia convergen en ese entramado

EL RAPTO: Cuando una muerte, un abandono, separación, despido, accidente o un evento inesperado te cambian los escenarios cómodos y… o sí o sí, tienes que vivirlo.

LA CUEVA: Cuando ya estás allí, sin derecho a patalear, en ese… Cómo me muevo. Saberte en arenas movedizas donde cualquier movimiento en falso puede ser letal y hundirte aún más. Toca vivir lo que tengas que vivir y en la oscuridad y humedad de esa fría e incómoda caverna, planificar la salida.

EL ESCAPE: Cuando luego de ese inmenso proceso emerges del inframundo y finalmente… ¡Se hace la luz!

EL EDÉN: Ahora aquí, justo aquí es donde podrás calibrarlo todo pues sólo del trabajo realizado integrado y transformado en ti, recogerás la más dulce o la más amarga de las cosechas.

Para éste trabajo he tenido la fortuna, el regalo y la sincronía de contar para la realización de las ilustraciones con la participación de un gran amigo, William Montero, quien conoce y ha visto toda mi trayectoria, además del valor agregado de ser terapeuta y constelador, colocándole el sentido real en cada trazo y en su significado.

Decidimos crear un personaje basado en una Diosa Latinoamericana que desarrolla y vive esta travesía en los parajes más importantes de mi vida, mi ciudad natal, terruño amado, mi Mérida preciosa, con mis montañas azules, su majestuoso Píco Bolívar, Sierra Nevada, páramos andinos con sus frailejones, el cóndor de los Andes, oso frontino, conejos de páramo, búhos, con la historia de amor más hermosa de mis indios Caribay y Tibisay y las 5 águilas blancas y por otra parte, la ciudad que fue mi Hogar por 25 años, donde nacieron mis hijos e hice amigos que ahora son familia y donde me forjé como Terapeuta en la fuerza del Macizo Guayanés, mi Universidad de vida, bautizada con su historia ancestral y magia al pie del Sororopán, hermoso Tepuy de nuestra Gran Sabana junto a la sabiduría de nuestros indios Pemones.

Mi amada Ciudad Bolívar, con sus bellos atardeceres, Puente Angostura, Río Orinco, la emblemática Piedra del Medio, flora y fauna exuberante y de esta manera dar una honra con todo mi amor a mi origen, a mi historia y a mi tierra, que late y vibra en mí en un…
¡Yo Soy Venezuela!

Que valga éste momento también para honrar a quien descubrió la filosofía, la ciencia y la terapia del nuevo paradigma de la visión cuántica de la realidad y quien nos abrió un maravilloso camino, Bert Hellinger, gracias a su conexión, perseverancia e integridad, aprendí que en este juego de la vida, no hay ni buenos ni malos, sino seres muy huérfanos, heridos de no amor y víctimas de víctimas.

La conclusión es asumirnos poniéndonos del tamaño de nuestros propios retos y saber que somos nuestra propia causa. Gracias a todo su legado aprendí a ordenar mi historia y a amar a la vida como es, por eso en el último verso que se titula, "Amar lo que es" me refiero a él como Maestro de Maestros. Gracias a él aprendí el sutil arte de tocar almas.

Nada de estos veinte años tendría sentido, sin la experiencia y entrega que da la práctica diaria en la terapia. Mi gratitud infinita a todas esas almas que han compartido conmigo sus historias de vida y han nutrido mi trabajo como terapeuta. En ese buscar el bien en los demás encontré el mío. En el amor a mis ancestros a nuestro árbol, ahora con profundas y nutridas raíces que dan alas para emprender el más alto vuelo. Gracias a ustedes que han sido grandiosos y aleccionadores espejos, ahora todos somos semilla en tierra fértil y allí se manifiesta el ganar-ganar nutriéndonos todos.

Por último, a ti que me estás leyendo: Nunca pierdas las ganas de soñar, de crear y de transformar las posibilidades infinitas que brotan de la fe en tu interior; de esa certeza de saber que la vida tiene algo bueno para ti, de esa vocecita que te habla indicándote la senda a seguir y en ese caudal inagotable que nace del asentir a tu origen. Solo depende de ti y del camino que emprendas para comprender y amar tu propia historia, con todo lo que es.

¡Que el camino de regreso a ti sea dulce y llene tu ser!

Adriana García-Croes

El Rapto

"Cuando nosotros mismos contemplamos nuestras vidas y dentro de ellas lo que fue difícil, y cuando asentimos a ello y decimos: "Ahora haré algo mejor con ello porque es algo que me ha hecho crecer", entonces todo adquiere para nosotros su valor intrínseco."

Bert Hellinger.

DESHOJANDO MIS NARCISOS

Pusiste vendas en mis ojos para que aprendiera a confiar y palpar El Edén.

Ahora quitas las vendas dejándome en lo más profundo del Hades.

Esto no es como otras veces, he realizado incontables viajes a estos parajes oscuros, húmedos, solitarios y tenebrosos… esto, es desconocido para mí.

En lo más profundo te busco y no te encuentro, siento frío de abandono y desamparo. Solo encuentro un hilo y el eco de tu voz que me transporta al estanque de los recuerdos.

Sigo mi camino entre sombras, deseando abrazarte en los campos Elíseos.

Me ilumina el enigma de tu mirada, dejando destellos de luz para marcar la huella de mis pasos…

Mi ser transita el sendero más difícil, mi cuerpo llora y se desahoga como puede. Veo acantilados y me rodean Moiras y Erenías tejiendo mi porvenir y mi suerte.

Me arrodillo y logro ver a destajos, reflejos de mi ser en la humedad. El musgo limpia mis heridas, la neblina le da frescor a mi agonía, la brisa helada me recuerda que estoy viva y la incertidumbre del camino que recorro hace vida mi propio reto.

A lo lejos, evoco en mi recuerdo los narcisos floridos y el aroma que de ellos emanaba, desvaneciendo la imagen cándida e inocente del ayer, de lo que una vez fui.

Ahora voy a mi propio encuentro, parte de mi muere, parte de mí nace, en el camino recorrido, entre caídas y victorias, alzo la mirada implorando a los Dioses del Olimpo, sabiduría para enfrentar la Batalla final y al reencontrarnos recibir lluvia de laureles.

26

"Algunas palabras abren heridas…

Otras, abren camino."

José Narosky

PERSÉFONE

Ya Soy y me siento Perséfone...

Solté a Core, me dejé llevar por el proceso alquímico de vivir mi historia, procesarla, entenderla, acariciarla, amarla y soltarla, abriéndome así a la totalidad.

Ya tengo la certeza de haber cerrado muchos capítulos para llegar a esa paz infinita.

¿por que Perséfone?

- Simple.

Por haber permanecido tanto tiempo en el inframundo y ahora al estar consciente de quien soy, al haber pasado por el fuego y por el hielo, al haber llorado mis derrotas y celebrado mis victorias me reconozco como la mujer valiente que hizo de todo ese vacío, ese silencio, ese dolor, soledad y oscuridad, tejidos suaves con los que cobijarse en noches de crudo invierno.

Ahora sé estar arriba

Ahora sé estar abajo

¡Ahora me muevo y bailo en la danza de la vida cual gacela
en su mejor ritmo

¡Hola, soy Perséfone!

EN PAZ YO DOY
EN PAZ RECIBO

La Cueva

"Que la sombra se convierta en nuestro amigo o en nuestro enemigo depende en gran parte de nosotros mismos.

La sombra no es siempre y necesariamente un contrincante.

De hecho es exactamente igual a cualquier ser humano con el cual tenemos que entendernos, a veces cediendo, a veces

 resistiendo, a veces mostrando amor, según lo requiera la situación. La sombra se hace hostil, solo cuando es desdeñada o mal comprendida."

Marie-Loise Von Franz.
Erudita y Analista Junguiana
 Suiza.

FACTURAS VENCIDAS

Mira silenciosamente dentro de ti...

días sin sol, tardes nubladas

vientos que soplan, tiempo que no perdona

risas que lloran nostalgias

cárcel hecha compromiso

facturas que cobran por haber estado a tu lado.

Hace tiempo el amor se fue al olvido

deudas por agradecimiento,

cuánto desequilibrio en el dar y el tomar.

Condena eterna que lleva a hastío

carcelera sombría, le puso cadenas

al límite de tu albedrío.
Despilfarro de vida

escape de la realidad

has olvidado cómo volar,

también cómo soñar.

Ahora el reto

destrabar el tiempo,

la llave está dentro de ti.

Aceptar tus sombras....

Aceptar tus cielos.

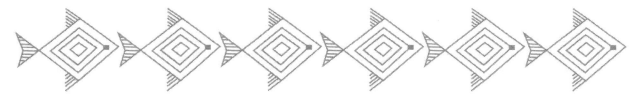

Que el gran espíritu:
te llene de luz y entendimiento

Que la madre tierra:
te muestre sus mas hermosos senderos

Que el abuelo fuego:
caliente tu corazón

Que el aire:
aclare tus pensamientos y
nutra con respiración tu ser

Que el agua divina y bendita:
logre transmutar las heridas del pasado

ADIWA...

INHALO A DIOS...
EXHALO AMOR...

36

"Algún día en cualquier parte en cualquier lugar, indefectiblemente te encontrarás a ti mismo, y esa, sólo esa puede ser la más feliz o la más amarga de tus horas."

Pablo Neruda

ENTRE MIL DESPEDIDAS

Entre vacíos y evasiones, postergando

y prolongando

la agonía de un final anunciado mil veces

sin poder asumirlo.

Noches que se hacen eternas.

Vuelves una y otra vez

te asomas en mis sueños

te siento en mi piel.

Esta historia la escribimos ambos

y está inconclusa

¿Cómo despedirnos con tanto por vivir?

Se detuvo el tiempo, ¿quién lo maneja?

Tardan en curar estas heridas

Redes que se tejen y ahogan

recuerdos y lágrimas que duelen

caigo de nuevo.

Tu voz, tu sonrisa, tu manera de mirar,

lo que sigo sintiendo cuando te pienso.

Agua del desierto que me vino a redimir

tú me devolviste las ganas de vivir

Reflejo de mi ser

¡Vuelve! una última y certera vez

En esta vida si,

espero muchos amaneceres a tu lado

Bendita conexión

Te puedo sentir.

40

"Que hoy haya paz dentro de ti, que puedas confiar en tu poder más alto, pues estás exactamente donde debes estar.

Que no olvides las posibilidades infinitas que nacen de la fe.

Que puedas usar estos regalos que has recibido y transmitir el amor que te ha sido dado.

Que puedas sentirte satisfecho sabiendo que eres un niño de Dios.

Permite que su presencia se establezca en tus huesos y permite a tu alma la libertad para cantar, bailar y calentarse con el Sol, que está allí para todos y cada uno de nosotros."

Santa Teresa de Jesús

SOMBRÍO DESAFÍO

En la oscuridad de la noche, sólo me tengo.

Muy cansada, mismas pisadas, mismo sendero

raíces heladas y sedientas.

Exhalo el aliento que me queda en esta fosa

la mitad de mi alma todavía respira.

La otra mitad entre el pugilato y el afán.

No sé si Eros o Hades me la arrebataron.

Miedo, bendito miedo que propicia el deseo,

la agonía y el rapto de aquellos que mueren

y resucitan luego.

Ahora el reto, es juntar mis dos mitades

y con ello asentir al Todo.

Para mirar la vida es preciso

fortalecer el Espíritu.

Piedras del camino, laberinto infinito...

Trincheras abandonadas,

sonidos del tiempo.

Huellas de un viaje...

Barro de la vida.

"Amarse a uno mismo es el comienzo

de una aventura

que dura toda la vida."

Oscar Wilde.

ECLIPSE EN MÍ

Eclipse, me has regalado el reencuentro con el amor propio

Así como el sol y la luna, los eternos amantes se encuentran por minutos,

se rozan y se besan cuando apareces.

Así me amé.

En ese reencuentro, entre luces y sombras me rescaté de mi propio abandono.

De mis propios vacíos.

De ese diván desolado del que había

hecho mi trono.

De un pasado lejano, sombrío, cautivo.

Ahora me integro a la danza, bailo la música

de mis curvas, ahora mi andar tiene fuerza,

razón y sentido.

Mi sombra le guiña el ojo a mi luz

Mi luz con picardía le sigue el juego

y se envuelven haciendo el amor.

Revelaciones, verdad que se manifiesta

hecha fiesta

Hermoso amanecer de vida

¡Cuándo me amé a mí misma!

LA MAYOR MANIFESTACIÓN DE AMOR ES EL AMOR PROPIO.

50

"Da tu primer paso con fe,

no es necesario que veas

la escalera completa,

solo da tu primer paso con fe."

Martin Luther King

TRAZOS DEL CAMINO

Voy vagando por laderas

que el camino me ha entregado.

Me ha enseñado a despojarme del peso

a ser más libre y más audaz.

Sobre el cielo, cuántos colores y destellos

recuerdos de una sabana de bellos atardeceres

que llevan y traen aromas, perfumados

con mastranto.

Sembrando huellas que se harán versos.

En el camino aprendí que mirar no siempre es

ver, ni escuchar oír,

ni acostumbrarse es querer…

Cambios que aparecen como desafíos.

Una noche pregunté a mis ancestros,

y ellos me indicaron el camino…

Horas inciertas, viajes de flor en río,

travesías de hojas en selva

viento de lluvia, sosiego de rocío.

Bondad que engendra bondad.

Camino recorrido, mi presente es gracias a ti.

Ahora esta sonrisa es tu regalo para mí,

de tanto andar me convertí en el camino.

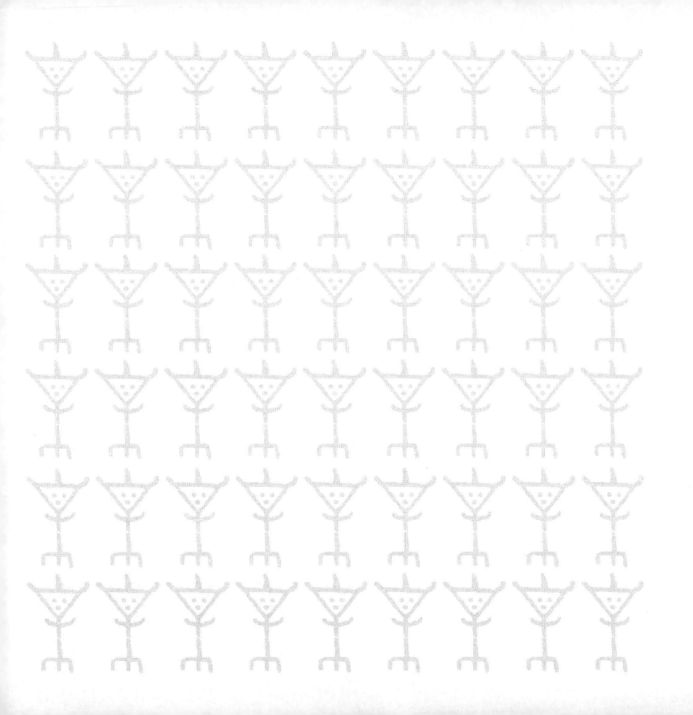

"Saber ganar sin perderse

a uno mismo

Saber perder ganándose

a uno mismo…"

Joan Garriga.

AFRODITA

Afrodita estás en mí...

Hoy te sentí emerger del más puro almizcle

de mi ser

en mis curvas armoniosas y mi saliva fresca

en el Eros que me rodea

en el fuego de mis ojos y el terciopelo de mi voz.

en la profundidad de mis caricias

en mis pechos bellos y dispuestos

en mi gemido como respuesta

en lo que destila mi piel.

En mis labios entre abiertos

a la pasión de mi entrega

que flota en el etéreo.

Majestuosa feminidad,

salió mi hembra

¡Estoy Viva!

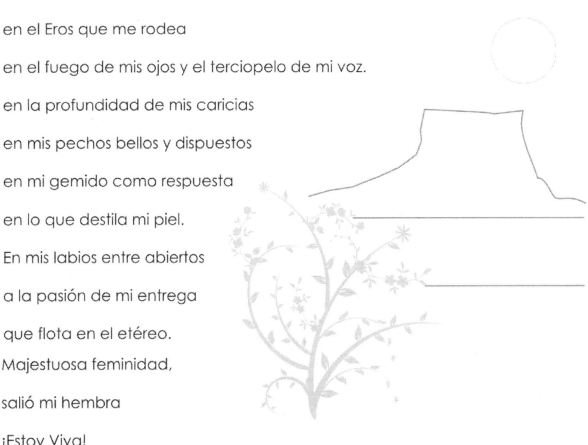

60

"Cuando los pares de opuestos se unen, algo divino sucede"

Carl G. Jung.

SOY TU OTRO YO...

En una conexión de miradas se desnudaron dos almas, me fuiste dando señales a lo largo del día. Sí, tu mirada profunda, misteriosa, solitaria, astuta y escondida.

Ví lo que no se ve a simple vista, hiciste que me reconociera en ti para decirte:

- In Lak Ech y tu respondiste: - Hala ken

No sé de donde, no sé en qué vida, menos aún en qué tiempo, pero sin duda, Soy tu otro Yo.

Te transformaste en Hades recreando el rapto y anunciando:

- Estás oficialmente secuestrada. - Y yo sonreí incrédula.

Soy tu otro Yo, lo ratificó ese abrazo que me diste besando con intimidad mi hombro derecho. Mi reposo en ti me hizo recordar un fragmento de la historia de Brida, donde el Gran Mago reconoce en ella su gran amor, por un punto de luz sobre su hombro derecho.

Tú, olfateándome intensamente, sin parar, reconociéndome toda, haciendo recorridos a la velocidad del rayo entre rincones y recuerdos.

Quizá buscando entre centurias ese olor tan familiar, como algo muy tuyo, muy de ti. Me dijiste:
- ¡Me llevo tu olor! Soy tu otro Yo...

Tu aliento hechicero, tu saliva,

manantial de vida,

tu piel, hermosa caricia al tacto con la mía.

Tu corazón cual caballo desbocado palpitando en mi mano con emoción y silencio.

Mi cuerpo tembloroso pidiéndole al tiempo el No tiempo.

Y sobre nosotros una luna llena loca e irreverente con cupido para que llegara el encuentro.

Inevitable, el Eros pide cuerpo...

- ¿Quién eres? ¿Quién Soy?

Están de más las palabras.

La lógica y la razón las mandamos de paseo, es algo que no se puede describir con palabras.

Hay dos cuerpos, dos almas y un chispazo Divino integrando, reafirmando el placer, el deleite, el sentir, el inmenso gozo de volver a estar, la plenitud de flotar entre nubes, la dicha de estar juntos.

- Soy tu otro Yo...

- Te dije: Tengo miedo

Y me preguntaste:

- ¿Qué vas a hacer con ese miedo?

- Respondí: Quiero estar del lado del amor...

Ahora ese es mi Mantra consciente y presente, vibrando en mí.

DEL LADO DEL AMOR

He aquí el poder de la intención:

Pedí evolucionar en pareja.

Pedí un ser con mi mismo nivel

de conciencia.

Pedí sentirme muy amada.

Y todo eso lo viví en ti,

todo eso fuiste en una noche de playa hechicera.

Soy tu otro Yo, bendito espejo

que reflejas todo mi ser.

De tu mano salí del Hades

para ir al Olimpo al reencuentro

de los Dioses

Yo Diosa, Tú Dios.

"He aquí mi secreto – dijo el zorro -,

es muy simple:

No se ve bien sino con el corazón.

Lo esencial es invisible a los ojos."

Antoine De Saint-Exupery.

Encuentro y Destino

Nos elegimos,

pacto de otras vidas encuentro de almas.

Una llamada cruzó nuestros destinos,

te enamoraste de mi voz sin conocerme

Abrí tu corazón huraño y solitario

encerrado entre cuerdas de guitarra.

Entré allí colgando mi paz,

mi vida en la tuya.

Un beso secreto selló un encuentro cautivo,

flotando en sentir, ahora te pido

rózame lento, que vuelva la magia

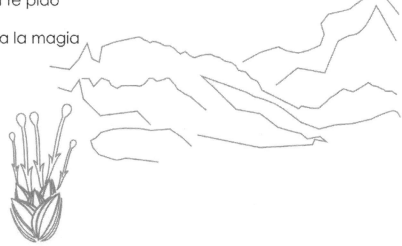

toma mis caderas,

vuelve a susurrarme al oído esa canción.

Eres sonrisa que hechiza, vida que puebla

pasión y deseo que enciende

urgencia de dos corazones, por amar y entregarse

con una luna asomada detrás del cristal.

Verdad limpia y suave que nos hace temblar

abrazados en sombras,

somos destellos de luz

como agua de río fluyendo…

y flor creciendo.

70

"Hacer lo que toca

y esperar lo que surja

Sea lo que sea."

Bert Hellinger.

AMAR LO QUE ES

El Gran Amor ha colocado ante mí el más grande desafío.

Me reta a amar y no únicamente a lo que me conviene, anhelo, amo y quiero, sino también a lo difícil, lo doloroso, lo que da miedo.

Me lleva a ese amor desprendido y generoso que expande mi ser en todas direcciones.

Ese que me lleva más allá de mi misma.

Desde el risco más alto salto al vacío,

desde lo que me gusta a lo que es.

Escucho el eco de una voz que me grita:

- ¡Lánzate! confía…

Alguien se ocupa, alguien que sabe más que tú.

Me pregunto:

- ¿Cómo amo a la traición, el desamor y el olvido?

- ¿Cómo amo a la enfermedad, la injusticia, la culpa y la exclusión?

- ¿Cómo hacerle un lugar?

Ahora caigo de rodillas ante ese incomprensible misterio que me lleva a asumir mi pequeñez delante del Espíritu Creador.

Esta rendición me lleva a abrazar a la humildad,

humildad que me arrulla en los brazos

de la vida.

Respiro…
ya no me resisto, ya no pregunto, ya no hay lucha, ya solo asiento.

Los por qué y para que, son solo bálsamos que necesita mi mente para entender el peso de los hechos y el extenuante malestar que da el recuerdo, pero no me acerca a la verdad.

Arrogancia ¿Dónde te suelto?

Desafiante la vida y sus misterios, me llevan a mas humildad.

En esa entrega de mi ser, puedo dar un sí.

- ¡Ahora entiendo!

Era precisa la travesía sin atajos, decir si, así es, así fue y ¡así lo tomo!

Con liviandad se posa el respeto en mí, acurrucando mi historia en un tibio lugar del corazón.

Ahora algo se libera…

Yo chiquitica ante la manifestación de la vida.

Nada que cambiar. Nada que juzgar.

Me rindo al misterio de amar lo que es

y en esta pregunta queda la respuesta.

- ¿Es que acaso soy yo quien vive en la vida...
    o es la vida que vive a través de mí?

Ya lo decía el Maestro de Maestros:

"El precio para salir de la depresión es la humildad."

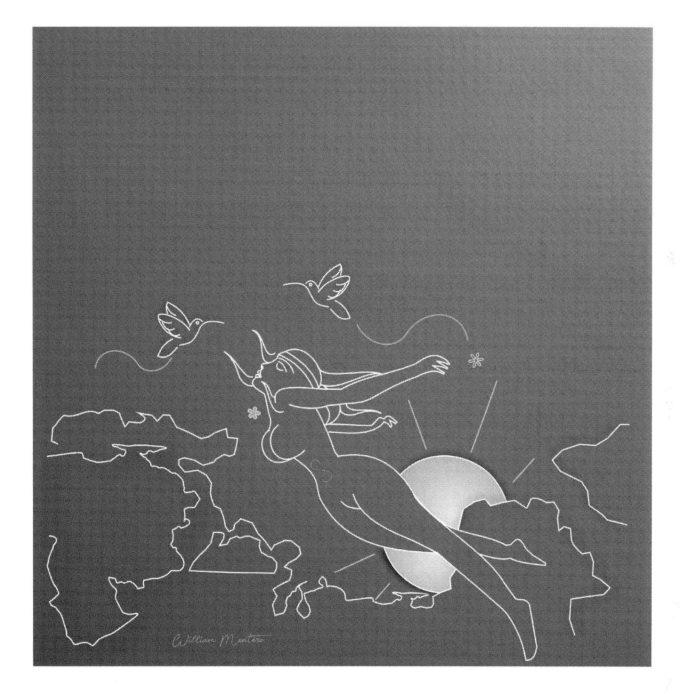

GLOSARIO

PICO BOLÍVAR: Elevación geográfica más alta de los Andes de Venezuela, con una altitud oficial de 4.978 msnm. Forma parte de un conjunto de picos ubicados en el Parque Nacional Sierra Nevada. Lleva su nombre en honor al Libertador y prócer venezolano Simón Bolívar, junto con el teleférico más alto y segundo más largo del mundo por solo 500 metros, pero se encuentra en el primer lugar por ser el único que combina tanta altura con tantos kilómetros de largo. El teleférico de Mérida posee 12,5 km de trayecto, alcanzando una altura de 4.765 msnm, haciéndole una obra de ingeniería única en su tipo y con más de 50 años de historia.

PÁRAMO ANDINO: Terreno extenso y de clima muy frío, por lo general elevado y desabrigado. Se ubica desde las altitudes de aproximadamente 3000 msnm hasta la línea de nieves perpetuas, está caracte-rizados por la presencia de frailejones como flora predominante.

FRAILEJÓN: Planta propia de alta montaña y clima frío, alcanza hasta dos metros de altura, crece en los páramos de Los Andes Venezolanos, tiene hojas anchas, gruesas y aterciopeladas, y una flor de color amarillo oro. Produce una resina muy apreciada utilizada para fines medicinales.

LAS 5 ÁGUILAS BLANCAS: Leyenda merideña, inmortalizada por el poeta y escritor Don Tulio Febres Cordero haciendo alusión al conjunto de los 5 picos de la Sierra Nevada, en Mérida, Venezuela.

CARIBAY: Cacique Murachí, era el primer Caudillo de las Sierras Nevadas.

TIBISAY: Era la princesa de los indios de La Sierra, el lirio más hermoso de las vegas del Mucujún, estado Mérida.

PUENTE ANGOSTURA: Es un puente colgante de 1678 metros de largo y 14.6 metros de ancho, que atraviesa en su zona más estrecha el imponente río Orinoco y conecta a los estados Anzoátegui y Bolívar, inaugurado el 6 de Enero de 1967.

PIEDRA DEL MEDIO: Es una extraña afloración rocosa grisácea que sobre sale del agua en pleno centro del cauce del río Orinoco en su parte más angosta entre las poblaciones de Ciudad Bolívar, capital del estado Bolívar y Soledad , población del estado Anzoátegui.

TEPUY: Es una formación geológica única en el mundo ubicado en la Guayana venezolana, consistente en una meseta muy elevada con las paredes verticales que sobresale marcadamente del resto del terreno. Estas montañas son las formaciones expuestas más antiguas en el planeta, su origen data del Precámbrico.

GRAN SABANA: Región localizada al sureste de Venezuela, dentro del macizo o escudo Guayanés, y se extiende hasta la frontera con Brasil y Guyana. La Gran Sabana está dentro del parque Nacional Canaima de Venezuela. El lugar ofrece paisajes únicos en todo el mundo, cuenta con ríos, cascadas, y quebradas, valles profundos y extensos, selvas impenetrables, y sabanas que alojan una gran cantidad y variedad de especies vegetales, una fauna diversa, y las mesetas mejor conocidas como tepuyes.

INDIOS PEMONES: Indígenas latinoamericanos que habitan la zonas del sureste del estado Bolívar en Venezuela en la frontera con Guyana y Brasil, son los habitantes comunes de La Gran Sabana , se calcula que hay unos 30 mil pemones.

INDIOS PIAROAS: Pueblo indígena que vive en las orillas del río Orinoco y sus ríos tributarios en Venezuela, entre los estados Bolívar y Amazonas y Colombia se estima su población en 15.267 personas.

MASTRANTO: Planta herbácea, de la familia de las labiadas, con fuerte olor aromático que se usa en medicina y contra insectos y parásitos y nace en las sabanas venezolanas.

ADIWA: Saludos de nuestros indios Piaroas en Venezuela, es un saludo, una reverencia, despedida, un "estoy contigo" "te acepto, me acepto", te honro, es un TODO, con EL CREADOR.

IN LA' KECH: Los Mayas expresaban ese concepto de unidad en su saludo diario y cotidiano, que significa "Yo soy tú" al que contestaban HALA KEN, que significa "Tu eres yo", manifestando la conexión que existe entre cada uno de nosotros. Todos somos energía, nosotros decidimos qué tipo de energía transmitir, es nuestro derecho y así todos estamos perfectamente conectados, SOMOS UNO.

Petroglifos

Son grabados sobre rocas (petro: piedra; glifo: grabado o surco), simbología utilizada por los primigenios del continente como manifestación de su cosmogonía, ideas o seres, constituyendo un misterio que hasta hoy se define indescifrable.

"La Diosa de la Lluvia , representa la abundancia y la prosperidad petroglifo venezolano valle del río Vigirima
Guácara del Estado Carabobo.

Animales míticos que se encuentran formando parte de creencias y relatos de los mojanes o chamanes. la culebra relacionada con el arco iris intermediario entre el cielo y la tierra, de las ranas y los sapos que representan la metamorfosis y cambios, también representan la fertilidad y abundancia.
Estado Táchira , Venezuela.

"Hombre" representa el hombre
petroglifo Venezolano valle del río Vigirima
Guacara del Estado Carabobo.

"Chaman" representa la auto-sanación
petroglifo Venezolano ,valle del río Vigirima
Guacara del Estado Carabobo.

ANIMALES DE PODER (TÓTEM)

COLIBRÍ: Mensajero de noticias muy especiales, repentinas e inesperadas, habilidad de volar hacia los lugares pequeños para sanar. Augurios de alegría, felicidad, amor.

CÓNDOR DE LOS ANDES: Muerte y renacimiento, rescate urgente de vida, elevarse, superarse, regenerarse, profecía, purificación. Amor de la Diosa Madre.

CONEJO: Quita miedos, prudencia, astucia, paradoja y contradicción, vivir por el propio ingenio, rapidez de pensamiento, humildad. Recibir enseñanzas ocultas y mensajes intuitivos.

LIBÉLULA: Cambios, traer al consciente los pensamientos y sueños para convertirlos en realidad, dominio de la vida en el ala, poder de vuelo y escapar en un soplo. Entendimiento de los sueños, poder de luz, ver la verdad en las situaciones.

TUCÁN Y GUACAMAYA: Guía y sabiduría para pensar antes de hablar. Humor, invocar la lluvia, unir lazos.

MARIPOSA: El espíritu de la mariposa representa la transformación, ya que es el único ser viviente que consigue modificar y transformar por completo su estructura genética. Cambios positivos, el poder del torbellino, transmutación, magia.

OSO FRONTINO: Vive en los páramos de Los Andes venezolanos. Representa poder curativo, chamanismo, salud, fuerza, energía sexual, don de introspección, visionario, sabiduría, místico, transformación, soledad y comunicación del Espíritu.

MORROCOY (TORTUGA): Del sur venezolano, estado Bolívar. Larga vida y estabilidad, símbolo de la tierra, conexión con el centro, paciencia, auto-límite, confianza, tenacidad.

ÁGUILA: Fuerza, nobleza y poder. Representa a reyes, gobernantes, animal espiritual y el Espíritu del Sol, intuitivo, creativo, rapidez, curación, conocimiento de la magia, gran poder de equilibrio.

ARAÑA: Maestra tejedora del tejido del destino. Sabiduría, creatividad, inspiración divina, cambio de forma, entender los patrones de la ilusión, energía femenina de la fuerza creativa de la vida.

BUHO: Discreción, secreto, intuición, clarividencia, movimiento silencioso y veloz. Mensajero de secretos y augurios, magia, libertad, enlace entre la oscuridad, el mundo inadvertido y la luz, confort con la propia sombra.

PLUMAS: Mensajes divinos, señales, presencia y fortaleza espiritual.

Fuente: FAUNA DE VENEZUELA
Wilkipedia, la Enciclopedia Libre.

ADRIANA GARCÍA CROES

Esa delicada combinación de quien nació en los majestuosos Andes venezolanos y se maduró en las antiquísimas tierras de Guayana, que algunos llaman magia, a otros les parece gracia, y se resumen en el nombre que respalda esa sonrisa... Adriana.

Esta maravillosa mujer es el resultado de ese doble encanto y su personalidad lo refleja en cada una de las disciplinas que ha emprendido, desde sus primeras líneas nacidas de la pureza de su niñez hasta el presente donde nos muestra plena de saber, de alma y de feminidad, como una sutil Diosa que tiene el poder de "tocar nuestra fibra" con el soplo de la liberación.

Una fórmula que combina las ciencias humanísticas con los sublimes "toques" de lo ancestral en una profesional de la terapia sistémica, las constelaciones familiares, la atención plena del coach y la profundidad del manejo de lo poderosamente espiritual.

Eso es Adriana García-Croes en cada una de sus auténticas facetas, hija, madre, amiga, amada amante, mujer de medios y de letras, empeñada en vivir desde el amor y en mostrar a todos aquellos que quieran, lo maravillosa que es.

CONTACTO Y REDES:
www.adrianagarciacroes.com

Instagram y Facebook: Adriana Garcia-Croes

Twitter @adrianagc20

E mail adrianagarciacroes@gmail.com

Made in the USA
Columbia, SC
14 June 2018